JN277343

# BASIC NUMBERS
## ベーシック・ナンバーズ

使える数字研究会 [編著]

朝日出版社

## 1 この国のかたち

| No. | | |
|---|---|---|
| No. 1 | **人口** | 9,515万 11 |
| No. 2 | **人口密度** | 343 \| 50 13 |
| No. 3 | **国土と海域** | 61 \| 6 15 |
| No. 4 | **道路** | 6 : 1 17 |
| No. 5 | **郵便局** | 24,137 19 |
| No. 6 | **過疎** | 57.3 21 |
| No. 7 | **政府** | 5.3 \| 36.0 23 |
| No. 8 | **財政** | 524万 25 |
| No. 9 | **紙幣** | 30兆 27 |
| No. 10 | **首相** | 25 29 |
| No. 11 | **貿易** | 67.4兆 \| 60.8兆 31 |
| No. 12 | **企業** | 71/500 33 |

| No. 13 | **電力** | 25.1 | 35 |
|---|---|---|---|
| No. 14 | **宗教** | 2億718万 | 37 |

## 2　世相のうらおもて

| No. 15 | **年収** | 24.5 | 41 |
|---|---|---|---|
| No. 16 | **雇用** | 34.3 | 43 |
| No. 17 | **就職** | 91.8 | 45 |
| No. 18 | **貯蓄** | 1,638万 | 47 |
| No. 19 | **食費** | 58,635 | 49 |
| No. 20 | **ギャンブル** | −1.6兆 | 51 |
| No. 21 | **生活保護** | 60万→127万 | 53 |
| No. 22 | **ホームレス** | 10,890 | 55 |
| No. 23 | **殺人** | 48.1 | 57 |
| No. 24 | **犯罪** | 170万 | 59 |

| No. | | | |
|---|---|---|---|
| No. 25 | **主食** | 160 | 61 |
| No. 26 | **交通** | 7,381万 | 63 |
| No. 27 | **インターネット** | 9,408万 ｜ 78.0 | 65 |
| No. 28 | **電話** | 74万→28万 ｜ 1億3千万→800万 | 67 |
| No. 29 | **観光** | 861万 ｜ 1,664万 | 69 |

## 3　揺りかごから墓場まで

|  | | | |
|---|---|---|---|
| No. 30 | **寿命** | 79.6 ｜ 86.4 | 73 |
| No. 31 | **生と死** | 107万 ｜ 114万 | 75 |
| No. 32 | **犬と猫とこども** | 1,232万 ｜ 1,002万 ｜ 1,701万 | 77 |
| No. 33 | **結婚と離婚** | 70.8万 ｜ 25.3万 | 79 |
| No. 34 | **がん** | 30.1 | 81 |
| No. 35 | **メンタルヘルス** | 104.1万 | 83 |
| No. 36 | **医師** | 28.7万 | 85 |

## 4 世界のスケール

| No. | | | |
|---|---|---|---|
| No. 37 | **言語** | 6,000 | 89 |
| No. 38 | **キリスト教** | 22.8億 | 91 |
| No. 39 | **君主** | 40 | 93 |
| No. 40 | **SNS** | 6.6億 | 95 |
| No. 41 | **新聞** | 12,477 | 97 |
| No. 42 | **映画** | 1,091 | 99 |
| No. 43 | **空港** | 8,803万 | 101 |
| No. 44 | **自動車** | 1,826万 | 103 |
| No. 45 | **パソコン** | 97.2 | 105 |
| No. 46 | **物価** | 160｜320｜628 | 107 |
| No. 47 | **家畜** | 13.5億｜69億 | 109 |
| No. 48 | **飢餓** | 9億2,500万 | 111 |

| No. 49 | **難民** | 1,520万 |
| No. 50 | **軍事費** | 43 |
| No. 51 | **死刑** | 95 \| 58 |

## 5　生命・地球・宇宙

| No. 52 | **遺伝子** | 26,808 |
| No. 53 | **ヒトの遺伝子** | 99.9 |
| No. 54 | **腸内細菌** | 60兆 \| 100兆 |
| No. 55 | **脳と神経細胞** | 1,000億 \| 1万 |
| No. 56 | **ヒトの身体の組成** | 65 |
| No. 57 | **ヒトの臓器** | 1.2 \| 1.2 |
| No. 58 | **昆虫** | 97万 |
| No. 59 | **水** | 0.01 |
| No. 60 | **大地** | 6 |

| No. | | | |
|---|---|---|---|
| 61 | **地震** | 6 | 139 |
| 62 | **惑星** | 5億 | 141 |
| 63 | **宇宙の元素** | 4 | 143 |

## 6 われわれはどこから来たのか、われわれはどこへ行くのか

No. 64 **宇宙の誕生から現在までを見はらす** 147

No. 65 **生命の誕生から現在までを見はらす** 149

No. 66 **人類の歴史を見はらす** 151

No. 67 **宇宙が終わるまでを見はらす** 153

No. 68 **ものの大きさ** 155

1

この国のかたち

No. **1**

合 ▶

# 9,515万人

2050年の日本の総人口予測

## 今世紀の半ばには日本の人口は
## 1億人を切ると予測されている。

日本の人口（2010年）は、約1億2,800万人。世界で10位である。しかし国の推計によれば、この数字は今後、徐々に減少へ向かうと予測されている。日本の総人口における高齢者の割合が非常に高く、また少子化の傾向に歯止めがかからないためだ。2105年には現在の1/3に近い、4,459万人になるという参考推計も挙がっている。

● 日本の出生率 ＊

| 年 | 出生率 |
|---|---|
| 1970年 | 2.13 |
| 1980年 | 1.75 |
| 1990年 | 1.54 |
| 2000年 | 1.36 |
| 2009年 | 1.37 |

＊合計特殊出生率（1人の女性が一生に産むこどもの平均数）

[出典] 国立社会保障・人口問題研究所「日本の将来推計人口（平成18年12月推計）」、総務省「平成22年国勢調査」、同「人口推計」（2011年3月）、厚生労働省「平成22年人口動態統計の年間推計」

No. 2

人口密度

# 343人/km²    50人/km²

日本の人口密度 (2009年)    世界の人口密度 (2008年)

## 日本の人口密度は
## アメリカ (32人/km²) の約10倍。

37.8万 km²の狭い国土に1億2,800万人が生活している日本。東京都は日本全体の17.5倍の、世界全体の120倍の人口密度である一方、日本の国土の約7割は暮らすのに困難な山地。人の暮らしに適した土地は限られている。

● 都道府県別人口密度 (2009年)
- 1位　東京都　6,017人/km²
- 2位　大阪府　4,670人/km²
- 3位　神奈川県　3,746人/km²
- 4位　埼玉県　1,894人/km²
- 5位　愛知県　1,434人/km²
- 47位　北海道　70人/km²

[出典] 総務省「平成22年国勢調査」、同「世界の統計2011」

# No. 3 国土と海域

# 61位  6位

日本の国土面積　　日本の排他的経済水域面積
(領海も含む)

## 日本は世界で6番目に排他的経済水域が大きな国。

「排他的経済水域」は国の領海ではないが、経済的な主権が及ぶ水域のこと。沿岸から200海里（約370km）の範囲で設定される。この水域では、他国の船や航空機は自由に航行・飛行できるが、水産資源や鉱物資源などについては独占的（＝排他的）な権利をもつ。国土の面積は大きくないものの、多くの島をもつ日本の排他的経済水域はかなり広い。

● 国土面積ランキング

| | | |
|---|---|---|
| 1位 | ロシア | 1,710万 km$^2$ |
| 2位 | カナダ | 998万 km$^2$ |
| 3位 | アメリカ | 963万 km$^2$ |
| 4位 | 中国 | 960万 km$^2$ |
| 5位 | ブラジル | 851万 km$^2$ |
| 61位 | 日本 | 37万 km$^2$ |

● 排他的経済水域面積ランキング

| | | |
|---|---|---|
| 1位 | アメリカ | 762万 km$^2$ |
| 2位 | オーストラリア | 701万 km$^2$ |
| 3位 | インドネシア | 541万 km$^2$ |
| 4位 | ニュージーランド | 483万 km$^2$ |
| 5位 | カナダ | 470万 km$^2$ |
| 6位 | 日本 | 447万 km$^2$（国土面積の12倍） |

[出典] 海洋政策研究財団「海洋白書2009」、総務省「世界の統計2011」

No. 4

道路

# 6 : 1

アメリカと日本の道路の長さの比* (2005年)

＊私道を除く総全長

## 日本は世界有数の「道」の国でもある。

世界で最も多く道路がある国は、文句なしにアメリカである（総全長643万km）。しかし、（OECD加盟国の中で）2位は日本で、アメリカの6分の1規模の道路網を誇る（119万km）。日本の国土がアメリカの25分の1であることを考えると、大きな数字である。実際、日本より国土の広いフランスやオーストラリアよりも、日本の方が道路は発達している。

● 道路の総全長 (2005年)

| | |
|---|---|
| アメリカ | 643万km |
| 日本 | 119万km |
| フランス | 101万km |
| イタリア | 87万km |
| オーストラリア | 81万km |
| ドイツ | 65万km |

[出典] OECD, *Environmental Data Compendium*, 2007

No. 5

郵便局

# 24,137

日本国内にある郵便局の数 (2011年3月)

## セブンイレブン店舗数の2倍。

全国各地に置かれている支店数や営業所数の筆頭は、郵便局だろう。その総数は2.5万弱にものぼる。津々浦々にいたるまで所在することによって、郵便のネットワークを支えている。郵便ポストの数は18.8万本（2010年）。以下では、都市部を中心に展開するコンビニやファーストフードの代表的なチェーン店と比べてみた。（ただし、コンビニ各系列の店舗数の総計はおよそ4〜5万店と推測され、数では郵便局を上回っている。）

● 日本国内の数を比較

| | | |
|---|---|---|
| 交番 | 6,232 | （駐在所は6,847） |
| 消防署 | 1,716 | （消防本部は802） |
| セブンイレブン | 12,753 | |
| マクドナルド | 3,366 | |
| 吉野屋 | 1,153* | （*は2011年、ほかは2010年） |

[出典] 警察庁「平成22年警察白書」、消防庁「平成22年版消防白書」ほか、各社ウェブサイト

No. 6

過疎 ▶

# 57.3%

過疎地域が全国の面積に占める割合 (2009年)

## 日本の国土の5割以上は、過疎地域である。

日本の国土の半分以上を占める過疎地には、日本の総人口の8.8%の住民が暮らしている。ちなみに人口の多い東京都でも、奥多摩の檜原村(ひのはらむら)や伊豆諸島の青ヶ島村などの過疎地がある。ここでいう「過疎」とは、2000年に制定された過疎地域自立促進特別措置法によって定義された地方自治体のこと。

● 過疎の現状

776　　過疎とされる市町村 (全国1,728市町村の44.9%) (2011年)

7,878　「限界集落」*の数 (2006年)

431　　全住民が65歳以上の集落の数 (2006年)

423　　10年以内に消滅が予想される集落 (2006年)

＊「限界集落」＝住民の50%以上が65歳以上の高齢者の集落

[出典] 総務省「過疎対策の現況　平成21年度版」、国土交通省「国土形成計画策定のための集落の状況に関する現況把握調査」(2007年)

No. **7**

政府

日本の場合

# 5.3% 36.0%

労働者人口のうちの　　GDPのうちの
公務員数　　　　　　　一般政府支出　（計算年は下欄参照）

## 日本は「小さな政府」!?

> 民間主導の小さな政府と、国家主導の大きな政府。どちらを選ぶかは、国家像を大きく左右するだろう。その指標として上記の2つの比率を選んでみた。社会福祉政策に重点をおく北欧諸国では、いずれも大きな値を示している。一方、従来日本は大きな政府と目されていたが、この数字が示すかぎりでは、「小さな政府」の側面もあるのかもしれない。

● 諸国との比較

|  | 労働者人口のうちの公務員数 | GDPのうちの一般政府支出 |
|---|---|---|
| スウェーデン | 28.3% | 54.3% |
| フィンランド | 21.3% | 48.9% |
| ノルウェー | 28.8% | 40.5% |
| アメリカ | 14.1% | 36.4% |
| 韓国 | 5.5% | 30.2% |
|  | （2005年前後） | （2006年直近） |

[出典] OECD 編著『図表でみる世界の行政改革』（明石書店、2010年）

No. 8

財政

# 524万円

国民1人あたりの公債残高(2011年)

## 国の借金は、4人家族の場合、2,000万円超。

> 2011年度の日本の国家予算は、特別会計も含めると、220兆円となる予定だ。つまり日本という国が、この1年で220兆円ものお金を使う、ということ。そのうちの7割を国債費と社会保障費が占めている。2011年度末の公債残高は財務省によれば668兆円と見込まれている。一般会計税収の約16年分、対GDP比は138%に相当する。

● 2011年度の日本の国家予算案(一般会計)
一般会計歳入総額92兆4,116億円の内訳
- 税収　　40兆9,270億円
- 公債　　44兆2,980億円
- その他　7兆1,866億円

→公債依存度　47.9%

[出典] 財務省「我が国の財政事情(平成23年度予算政府案)」

No. 9

紙幣

# 30兆円

滞留している一万円札の規模(2007年)

## 日本銀行が発行したお札の4割が「タンス預金」になる。

「タンス預金」とは、金融機関に預けられず、家庭内に保管されている現金のこと。流通紙幣における滞留分(非取引需要)の割合がこの10年ほどで3倍近くに増大していることにかんして、日本銀行の報告記事は、低金利環境の持続や、金融システムに対する不安などを理由として分析している。

● 流通する一万円札のうち、滞留している(非取引需要)一万円札の割合
12%　→　38%
(1995年)　(2007年)

● 日本銀行券発行高(2010年)
一万円札　74.1億枚　(74兆1,063億円)
五千円札　5.5億枚　(2兆7,624億円)
二千円札　1億枚　(2,142億円)
　千円札　36.8億枚　(3兆6,846億円)

[出典]「日銀レビュー」2008年8月22日、日本銀行時系列統計データ検索サイト

No. 10

首相

# 25か月 (64年10か月の間に31名)

戦後日本の首相の平均在任期間

## 日本では、約2年に1度、首相が交代する。

小泉純一郎の辞任以降、ここ5年ほど、毎年のように首相が替わる日本。戦後以降を平均しても、在任期間は約2年とかなり短い。一方先進国では、アメリカやドイツは任期4年、フランスは5年であり、しかも2期以上務めることが多い。なお2012年には、アメリカ、フランス、ロシア、韓国などで大統領選挙が開催され、中国も次期国家主席が選出される予定だ。

● 日本の首相、短命順

| 順位 | 首相 | 日数 | 期間 |
|---|---|---|---|
| 1位 | 東久邇宮稔彦（ひがしくにのみやなるひこ） | 54日 | (1945年8月～10月) |
| 2位 | 羽田 孜（つとむ） | 64日 | (1994年4月～6月) |
| 3位 | 石橋湛山（たんざん） | 65日 | (1956年12月～57年2月) |

● 主要先進国の首相・大統領の平均在任期間（第二次世界大戦後）

|  |  |
|---|---|
| フランス（大統領） | 103か月 |
| ドイツ（首相）* | 96か月 |
| アメリカ（大統領） | 69か月 |
| イギリス（首相） | 59か月 |
| イタリア（首相） | 20か月 |

＊ 東西ドイツ統一前は、西ドイツの首相で計算

No. **11**

# 貿易

輸出総額 **67.4 兆円**
輸入総額 **60.8 兆円**
日本の貿易収支(2010年)

## 日本の貿易収支の約2割が対中国。

これまで日本の貿易相手国のトップといえばアメリカだった。しかし、今世紀に入って急速に数字を伸ばしてきたのが中国。2002年、中国が輸入相手国の1位になり、2009年には、輸出相手国の1位となる。現在では輸出入ともに総額のおよそ2割を占めている。対中国の主要輸入品は衣類など、主要輸出品は半導体といった電子部品。

● 国別輸出先 (2010年)
1位　中国　　　　　13.1兆円　(2000年：3.3兆円)
2位　アメリカ　　　10.4兆円　(2000年：15.4兆円)
3位　韓国　　　　　5.5兆円

● 国別輸入先 (2010年)
1位　中国　　　　　13.4兆円　(2000年：5.9兆円)
2位　アメリカ　　　5.9兆円　　(2000年：7.8兆円)
3位　オーストラリア　3.9兆円

[出典]「財務省貿易統計」ウェブサイト

No. 12

企業

# 71社／500社

世界のトップ500社のうちの日本の企業数 (2010年)

## 2010年『フォーチュン』誌ランキングで、トヨタ自動車が5位、日本郵政が6位。

企業の売上高にもとづいて『フォーチュン』誌が毎年発表している「世界トップ企業500社」。500社に含まれる企業数では、アメリカの139社についで日本は2番目。世界金融危機のあおりで大方の企業が売上を落としているなか、中国が3位に上がった。トヨタ自動車の最新2010年度売上高は、18兆9,500億円（日本の国家予算の1/5に相当）。

● 世界企業売上高ランキング (2010年)

| 順位 | 企業 | 売上高 | 備考 |
|---|---|---|---|
| 1位 | ウォルマート | 4,082億米ドル | (アメリカ、スーパーマーケットチェーン) |
| 2位 | ロイヤル・ダッチ・シェル | 2,851億米ドル | (オランダ、エネルギー企業) |
| 3位 | エクソンモービル | 2,847億米ドル | (アメリカ、エネルギー企業) |
| 4位 | BP | 2,461億米ドル | (イギリス、エネルギー企業) |
| 5位 | トヨタ自動車 | 2,041億米ドル | |
| 6位 | 日本郵政 | 2,022億米ドル | |

[出典] Fortune Magazine, July 26, 2010（『数字で読む・日本』リブロ、2011年を参照）

No. **13**

電力

# 25.1%

日本の発電量に占める原子力発電の割合 (2009年度)

## 原子力 = 4分の1。

1970年代のオイルショック以降、日本の原子力発電は年々拡大し続け、1998年には国内総発電量の約32%までに至ったが、その後相次いだ事故やトラブルにともない近年は20%台を推移している。2011年3月の「東日本大震災」にともなう福島第一原発の事故が、原子力発電の今後に影響を与えることは疑いないだろう。

● 日本の発電量と、総発電量に占める割合 (2009年度)
火力　　7,425億kWh　　66.7%
原子力　2,898億kWh　　25.1%
水力　　838億kWh　　　7.5%

[出典] 電気事業連合会「電気事業便覧2010年版」

No. 14

宗教

# 2億718万人

日本の宗教信者総数 (2008年)

## 日本の宗教人口は2億超。

何らかの宗教を信じている日本人の数が、総人口の2倍近くになっているのは、複数の宗教にまたがって信者になっていることがあるため（たとえば、寺院の壇徒(だんと)と神社の氏子(うじこ)など）。また、以下に挙げる宗教法人のうちには、活動実態が無い、あるいは不明なものも数に含まれている。

● 日本の宗教信者数内訳 (2008年)
神道系　　　1億842万人
仏教系　　　8,750万人
キリスト教系　236万人
諸教系　　　888万人

● 日本にある宗教法人の数 (2008年)
182,202

[出典] 文部科学省「宗教統計調査　平成21年度」

2

世相のうらおもて

No. 15

年収

# 24.5%

年間勤務労働者(4,506万人)に占める、
年収200万円以下の割合(2009年、日本)

## 4人に1人が、年収200万円以下。

日本でも近年「ワーキングプア」が拡大している。就労しているものの、収入が生活保護の受給水準を下回る層のことだ。年収200万円というのはその指標のひとつになるだろう。当座の生活費の確保に追われ、将来設計の見通しがたたず、固着化してしまう。中高年世代や若年層にも広がっており、次項で取り上げる雇用形態の問題とともに、社会問題化している。

● 最近10年の日本人の年収

|  | 1999年 | 2009年 |
|---|---|---|
| 平均年収 | 461万円 | →406万円 |
| 年収300万円以下 | 33.2% | →42.0% |
| 年収200万円以下 | 17.9% | →24.5% |

[出典] 国税庁「平成21年分民間給与実態統計調査」

No. **16**

雇用

# 34.3%

雇用者（5,111万人）に占める
非正規雇用者の割合（2010年、日本）

## 3人に1人は、非正規雇用者。

旧来のパートやアルバイト、契約社員といった雇用のかたちにくわえ、近年増加しているのが派遣社員だ。正社員に比べ人件費を低く抑えられ雇用調整をおこないやすいのが企業側にとってのメリットと言われる。「フリーター」であることによる自由を享受できる一面、不安定な経済待遇を強いられる。

● 日本の雇用の現状（2010年）
正規の職員・従業員　　　　　　　　3,355万人
非正規の職員・従業員　　　　　　　1,755万人
　パート・アルバイト　　　　　　　1,192万人
　契約社員・嘱託　　　　　　　　　　330万人
　労働者派遣事業所の派遣社員　　　　96万人

● 日本の失業の現状（2010年）
完全失業率　5.1%　　完全失業者　334万人
失業期間が1年以上の完全失業者　121万人

［出典］総務省「労働力調査　平成22年平均（速報）」

No. 17

就職 ▶

# 91.8%

大学新卒者の就職内定率（2010年＊、日本）

＊ 同年3月卒の大学生についての3月末時点での数字

## 2011年はさらに下回る見込み。

> 就職氷河期が続いている。大学生の就職活動が早期化し、苛烈化するなか、「内定切り」「就職浪人」といった事態が報道されている。フリーター層の拡大現象とも連なっている一方で、大学院に進学したとしても、就職口の不足から「高学歴ワーキングプア」が生まれている事態も指摘されている。

● 進学と就職の現状（2010年）

| | | |
|---|---|---|
| 高校から—— | 大学等への進学率 | 54.3% |
| | 就職率 | 15.8% |
| 大学から—— | 大学院等への進学率 | 13.4% |
| | 就職率 | 60.8% |
| 大学学生数 | 288万人（うち、学部学生は255万人、大学院学生は27万人） | |

＊ 就職内定率の母数は就職希望者、就職率の母数は卒業者

[出典] 厚生労働省「平成22年度大学等卒業予定者の就職内定状況調査」、文部科学省「学校基本調査 平成22年度」

No. 18

貯蓄 ▶

# 1,638万円

1世帯＊あたりの平均貯蓄額(2009年、日本)　＊2人以上の世帯

## 年収の2.6倍の貯蓄額。

> 貯蓄額1,638万円という数字は、大きく感じられるかもしれない。あくまで平均値であることに注意されたい。実際、4,000万円以上の貯蓄を保有する世帯は全体の約1割だが、貯蓄全体の約4割を占めている。なお、下記の負債額は実質的には、住宅・土地のローンとみなしうる。

● 1世帯あたりの平均負債額
479万円

● 1世帯あたりの平均年収
630万円

● 貯蓄額ごとの世帯割合
～500万円　　　　32.8%
500～1,000万円　　19.4%
1,000～2,000万円　21.0%
2,000～4,000万円　16.8%
4,000万円～　　　　9.9%

(すべて2009年、日本)

[出典] 総務省「家計調査報告(貯蓄・負債編)平成21年平均結果速報」

No. 19

食費

# 58,635円

1世帯あたりの1か月の食料費平均 (2010年、日本)

## 家計の消費支出の2割強が食費。

1日換算にすれば、約2,000円の食費。80年代から90年代にかけて、外食と調理済み食品の利用が急増した。その「偏った」食生活が健康に与える弊害への懸念から、近年では、学校や自治体などを中心に「食育」活動がおこなわれつつある。

● 消費支出に占める各種費用の割合 (2010年、日本)

|  | 総世帯 | 2人以上の世帯 | 単身世帯 |
|---|---|---|---|
| 食料費 | 23.2% | 23.3% | 23.1% |
| 住居費 | 7.5% | 6.3% | 12.9% |
| 交通・通信費 | 13.3% | 13.4% | 12.5% |
| 教養娯楽費 | 11.4% | 11.0% | 12.9% |

[出典] 総務省「家計調査報告（家計収支編）平成22年平均速報結果の概況」

No. 20

ギャンブル

# −1.6 兆円（39.3%減）

中央競馬の売上推移（1997年度と2010年度）

## 中央競馬は、4兆円規模だったピーク時に比べ、約4割の減収。

競馬、とくにJRA（日本中央競馬会）が主催する中央競馬の売上のピークは、1997年。それ以降の下落傾向には歯止めがかかっていない。当時のG1レースをにぎわせた名馬は、マヤノトップガン、エアグルーヴ、タイキシャトルなど。「公営競技」とは、競馬（中央競馬・地方競馬）、競輪、競艇、オートレースの4種。いずれもここ10年で大幅に売上を減らしている。

● 「公営競技」の2010年度売上額と総入場者数

| | | |
|---|---|---|
| 中央競馬 | 2兆4,275億円 | 673万人 |
| 地方競馬 | 3,332億円 | 395万人 |
| 競輪 | 6,349億円 | 535万人 |
| 競艇 | 8,434億円 | ── |
| オートレース | 861億円 | 189万人 |

［出典］各ウェブサイト、報道など

No. 21

生活保護

# 60 → 127
## 万世帯（1995年）　万世帯（2009年）

生活保護を受けている日本の世帯数

## 約40分の1の世帯が生活保護を受けている。この15年で倍増。

生活保護を受けている世帯が近年急増している。高齢者世帯の増加にくわえ、2008年以降は失業にともなう生活保護受給も増加している。国および地方自治体の2009年度決算では生活保護費として総額3兆円が計上された。一方で、所得隠しによる不正受給の事件も跡を絶たない。

● 被保護世帯数の内訳（2009年）
高齢者世帯　　　　　　　56万世帯
障害者世帯・傷病者世帯　43万世帯

［出典］厚生労働省「平成21年度　福祉行政報告例結果の概況」

No. 22

ホームレス

# 10,890人

全国のホームレス数 (2011年)

## 国が把握している
## ホームレスの人数は、約1万人。

ホームレスには定住型と移動型があり、定住型の場合は、ときに不法占拠として行政側との争いになる。最近では、長引く不況の影響からか、5年以上の長きにわたりホームレスを続ける人が多い。もちろん国が「把握していない」ホームレスも数多くいると見られるため、この数字だけを鵜呑みにすることはできない。

● ここ5年の推移
2007年　18,564人
2008年　16,018人
2009年　14,554人
2010年　12,253人
2011年　10,209人

● ホームレスの現状 (2007年)
把握しているホームレスの平均年齢　57.5歳
ホームレスのうち「5年以上」
路上生活をしている人の割合　41.4%

[出典] 厚生労働省「ホームレスの実態に関する全国調査（概数調査）」(2011年4月)、同「ホームレスの実態に関する全国調査報告書」(2007年)

No. 23

殺人 ▶

# 48.1%

殺人事件の被害者と被疑者の関係のうち、親族が占める割合(2009年、日本)

## 殺人の半分は親族による。

傷害の場合は約1割、放火は3割弱が親族によるという数字と比べると、親族間の殺人のこの数字は意外なくらいに多いかもしれない。旧約聖書によれば、人類初の殺人は、カインとアベルという兄弟間で起きたことになっているのをここで思い返してもよい。現代日本でもっとも多い親族殺人は、配偶者によるものだが。

● 日本で2009年に検挙された971件の殺人の内訳
| | |
|---|---|
| 顔見知りによる殺人 | 40.2% |
| 面識のない者による殺人 | 11.4% |
| 子が親を殺す | 12.5% |
| 親が子を殺す | 11.9% |
| 配偶者を殺す | 15.8% |
| 兄弟姉妹を殺す | 4.9% |

[出典] 法務省「平成22年版犯罪白書」、警察庁「平成21年の犯罪」

No. 24

犯罪

# 170万件

一般刑法犯*件数(2009年、日本)

* 刑法が定める犯罪のうち交通犯罪を除いたもの

## 犯罪の発生件数は7年連続で減少している。

凶悪犯に過敏なマスメディアの報道に接していると見えにくいが、総数としては、ここ数年は犯罪は減少傾向にある。最多件数を数えた2002年(285万件)に比べて09年は4割減。殺人や強盗といった凶悪犯罪の件数はさほど変化していないが、窃盗が大幅に減少している。なお、09年の検挙率は32%を示している。

● 犯罪(一般刑法犯)総数170万件(2009年、日本)の内訳

| | | |
|---|---|---|
| 殺人犯 | 0.1万件 | 0.06% |
| 強盗 | 0.4万件 | 0.26% |
| 傷害 | 2.7万件 | 1.5% |
| 窃盗犯 | 129.9万件 | 76.3% |
| 知能犯 | 5.3万件 | 3.1% |

[出典] 法務省「平成22年版犯罪白書」

No. 25

主食 ▶

# 160グラム

日本人1人1日あたりの米の消費量(2009年)

## この半世紀のあいだに日本人の米の消費量は半減している。

日本人の主食、米。戦後の食生活の変化とともに、食卓に上がる米の量も減っている。肉や卵などの動物性たんぱく質を多く含む食材を、油を用いて調理する料理が、日常の料理にも広く取り入れられるにしたがって、カロリー摂取を米のみに頼る必要がなくなった。160グラムは約1合、茶碗でかるく2杯分に相当する。

● 日本人1人1日あたりの米の消費量
1965年　306グラム
1980年　260グラム
1995年　185グラム
2009年　160グラム

[出典] 農林水産省「食料需給表」(『日本のすがた2011』矢野恒太記念会、2011年を参照)

No. 26

交通

# 7,381万台

日本の自動車保有台数(2009年)

## 日本の国土には、7,000万台以上の車が存在している。

そのうち乗用車は5,802万台(2009年の日本の世帯数は5,288万世帯)。国内旅客輸送の2/3は自動車が担っている(2008年度は9兆590億人km)。1965年の段階では同じ比率を鉄道が担っていたことを考えると、自動車の広汎な普及がわかる。なお、2007年以降、トラック台数の減少にともない、総数も若干落ちている。

● 自動車保有台数・日米比較

|  | 乗用車 | バス・トラック | 総計 | 100人あたり |
|---|---|---|---|---|
| 日本 | 5,802万台 | 1,741万台 | 7,381万台 | 57.8台(2009年) |
| アメリカ | 1億3,588台 | 1億1,436万台 | 2億5,024万台 | 80.3台(2008年) |

[出典] 日本自動車工業会「世界自動車統計年報」ほか(『世界国勢図絵2010/11』矢野恒太記念会、2010年を参照)

No. 27

インターネット

# 9,408万人
インターネット利用者数＊

＊過去1年間にインターネットを利用したことのある人の推計数

# 78.0%
インターネットの人口普及率 （ともに2009年、日本）

## 日本人のネット利用率は、4人に3人強。

ネットを使うこととパソコンを持っていることとが同義であったのも今は昔。現在は利用端末も多様化している。携帯電話、スマートフォン、タブレット型端末といったモバイル端末によるネット利用が一般に普及し、最近はゲーム機などからの接続が急増している。「次世代」が絶え間なく更新されていくメディアだ。

● 端末別のインターネット利用者数 (2009年、日本)
パソコンからの利用者　　　　　8,514万人 (90.5%)
モバイル端末からの利用者　　　8,010万人 (85.1%)
パソコンとモバイル端末併用　　6,492万人 (69.0%)
ゲーム機・TV等からの利用者　　739万人 (7.9%)

[出典] 総務省「通信利用動向調査　平成21年調査」

No. 28

電話

1999年度　　　　　　2009年度

**74**万台 → **28**万台

公衆電話設置数

**1**億**3**千万枚 → **800**万枚

テレホンカード販売数（磁気テレホンカード）

## この10年で公衆電話の6割が消えた。

携帯電話などの広汎な普及にともない、街角から公衆電話が急速に減りつつある（とはいえ、震災時などには無くてはならぬ社会的インフラのひとつであり、その数がゼロになることはない）。また、電話をかける回数の総数も減少している。パソコンやモバイル端末からメールを送って用件を済ませる人が増えたということだろう。

● 国内電話の通信回数

| | 2000年度 | 2009年度（速報） |
|---|---|---|
| 固定電話から | 973億回 | 432億回 |
| IP電話から | ── | 99億回 |
| 携帯電話から | 438億回 | 567億回 |
| PHSから | 36億回 | 14億回 |
| 合計 | 1,448億回 | 1,112億回 |

［出典］NTT 東日本ウェブサイト「インフォメーション NTT 東日本2010」、総務省「トラヒックからみた我が国の通信利用状況」

No. 29

観光

# 861万人
訪日外国人旅行者数

# 1,664万人
日本人海外旅行者数

(2010年。商用客も含む)

## 日本→海外の旅行者は、海外→日本の旅行者の2倍。

2010年にはアジアから653万人が日本を訪れている。近年では中国と韓国からの旅行者が増加。「観光立国」実現にむけて2008年に観光庁が発足した。「訪日外国人旅行者を1,000万人にする」のを目標に掲げている。「東日本大震災」の余波で、2011年は訪日者数の大幅な減少が予想される。

● 国・地域別訪日者数 (2010年)
|  |  |  |
|---|---|---|
| 1位 | 韓国 | 243万人 |
| 2位 | 中国 | 141万人 |
| 3位 | 台湾 | 127万人 |
| 4位 | アメリカ | 73万人 |
| 5位 | 香港 | 51万人 |

● 受入国・地域別日本人訪問者数 (2010年)
|  |  |  |
|---|---|---|
| 1位 | 中国 | 373万人 |
| 2位 | アメリカ | 339万人 |
| 3位 | 韓国 | 302万人 |
| 4位 | 香港 | 132万人 |
| 5位 | 台湾 | 108万人 |

[出典] 日本政府観光局「訪日外客統計」、観光庁ウェブサイト、ツーリズム・マーケティング研究所「日本人出国統計」

# 3

揺りかごから墓場まで

No. 30

寿命

# 79.6年 日本人男性の平均寿命
# 86.4年 日本人女性の平均寿命
(2009年)

## 日本人女性の平均寿命の長さは、世界1位。男性は5位。

戦後すぐにおこなわれた調査(1947年)では、男性50.1年、女性54.0年。その後、生活水準の向上や医療の発達にともない、年々上昇し、最高値を更新、世界最高水準を維持しつづけている。最新調査(2005年)によると、都道府県別では、男性は長野県、女性は沖縄県が1位。

● 国・地域別平均寿命ランキング(2009年)

| | 男性 | | 女性 | |
|---|---|---|---|---|
| 1位 | カタール | 81.0歳 | 日本 | 86.4歳 |
| 2位 | 香港 | 79.8歳 | 香港 | 86.1歳 |
| 3位 | アイスランド | 79.7歳 | フランス | 84.5歳 |
| 4位 | スイス | 79.7歳 | スイス | 84.4歳 |
| 5位 | 日本 | 79.6歳 | スペイン | 84.3歳 |

[出典] 厚生労働省「簡易生命表」など

No. 31

生と死

# 107万人 114万人

出生数　　　　死亡数　　　（2009年）

## 日本では、1分間に2人誕生し、2人死亡する。

> 1950年ごろは、自宅出産が95%、自宅死が8割強、出生数が死亡数の2.5倍だった。1960年ごろを境に、医療機関での出産が自宅出産を上回る。1970年代半ばには、医療機関での死亡が自宅死を上回る。そして、2007年、出生数よりも死亡数が上回る。

● 生まれる場所（2009年）
病院・診療所　98.9%
助産所　　　　0.9%
自宅　　　　　0.2%

● 亡くなる場所（2009年）
病院・診療所　80.8%
老人ホーム　　3.2%
自宅　　　　　12.4%

[出典] 厚生労働省「平成21年度　福祉行政報告例結果の概況」

No. 32

犬と猫とこども

# 1,232 万匹 犬の飼育頭数
# 1,002 万匹 猫の飼育頭数
# 1,701 万人 15歳未満の人口

（2009年、いずれも日本。頭数は拡大推計値）

## 日本では、こどもより
## ペット（犬と猫）の数のほうが多い。

少子化傾向の現代を象徴する数字だろうか。1匹／1人あたりに費される支出を比べれば、当然ながらこどものほうが手が掛かる。なお、0歳児への支出で最も多い項目は、生活用品費、こどものための預貯金・保険。ペット（犬と猫）の場合は病気やケガの治療費。

● ペットと乳児への年間支出額（2009年、日本）
犬　　　　　　31.8万円
猫　　　　　　16.3万円
0歳児（第一子）　93.1万円

[出典] ペットフード協会「第16回犬猫飼育率全国調査」、アニコム損害保険「ペットにかける年間支出調査」（2011年）、総務省「人口推計」、内閣府「インターネットによる子育て費用に関する調査」（2010年）

No. 33

# 結婚と離婚

# 70.8万件
婚姻件数

# 25.3万件
離婚件数

(2009年、いずれも日本)

## 1日に2,000弱の結婚、700弱の離婚。

結婚届3通につき離婚届1通が提出される、ということであって、1/3の結婚が破綻することを意味するわけではない。初婚年齢は年々遅くなり、婚姻率（人口1,000人対）はこの5年ほどは5.7前後で停滞している。一方、2003年に戦後最大値2.3を示した離婚率（人口1,000人対）も、ここ5年は2.0前後で推移している。

● 平均結婚年齢（初婚、2009年）
夫　30.4歳
妻　28.6歳

● 同居期間別にみた離婚件数（2009年）
～5年　　　84,682件　33.4%
5～10年　　53,652件　21.2%
10～15年　　34,180件　13.5%
15～20年　　24,983件　9.9%
20年～　　　40,096件　15.8%
平均同居期間　10.8年

[出典] 厚生労働省「平成22年　人口動態統計の年間推計」、同「平成21年　人口動態統計（確定数）の概況」

No. 34

がん ▶

# 30.1%

日本人の死因に占めるがんの割合 (2009年)

## 3人に1人が、がんで死ぬ。

がんが死因の1位となったのは1981年。以来30年以上順位は変わらず、現在では2位の心疾患（心臓病）の2倍近い割合を示している。約2人に1人が一生のうちにがんと診断される可能性があり、男性では約4人に1人、女性では約6人に1人ががんで死亡するというリスク推計がある。「国民病」と言われる所以である。

● 死因 (2009年)

| 順位 | 死因 | 人数 | 割合 |
|---|---|---|---|
| 1位 | がん | 344,105人 | 30.1% |
| 2位 | 心疾患 | 180,745人 | 15.8% |
| 3位 | 脳血管疾患 | 122,350人 | 10.7% |
| 4位 | 肺炎 | 112,004人 | 9.8% |
| 5位 | 老衰 | 38,670人 | 3.4% |
| 6位 | 不慮の事故 | 37,756人 | 3.3% |
| 7位 | 自殺 | 30,707人 | 2.7% |

[出典] 厚生労働省「平成21年人口動態統計（確定数）の概況」、財団法人がん研究振興財団「がんの統計 '10」

No. 35

メンタルヘルス

# 104.1万人

気分障害(うつ病・躁うつ病など)の総患者数 (2008年、日本)

## 日本人の12人に1人はうつ病*。　＊躁うつ病も含む。

日本のうつ病患者は、100万人を超えている。10年ほど前の調査では40万人ほどだったが、その後急増している。女性患者数のほうが多く、男性の1.7倍である。年齢別にみると、女性は高齢者の患者が比較的多いのに対し、男性は30〜50歳代の患者が中心だ。(ただし、この調査に挙がっている数字は、継続的に医療機関で受診している者に限られる。)

● 男女・年齢別の気分障害総患者数 (2008年、日本)

|  | 男性 | 女性 |
|---|---|---|
| 20歳未満 | 0.6万人 | 0.9万人 |
| 20歳代 | 2.5万人 | 6.0万人 |
| 30歳代 | 7.9万人 | 10.2万人 |
| 40歳代 | 8.4万人 | 10.5万人 |
| 50歳代 | 7.1万人 | 9.7万人 |
| 60歳代 | 5.9万人 | 12.0万人 |
| 70歳代 | 4.6万人 | 11.8万人 |
| 80歳以上 | 1.5万人 | 4.6万人 |
| 合計 | 38.6万人 | 65.5万人 |

[出典] 厚生労働省「平成20年患者調査」

No. 36

医師

# 28.7万人

全国の医師の総数(2008年)

## 人口10万人につき213人。

医師の数は年々増加している(20年前と比べて4割増)。とはいえ、ここ10年ほど「医師不足」が社会問題化しており、絶対数の不足、地域偏在などが指摘されている。実際、人口あたりの医師数を比較すると、日本は先進国のなかでも低い数字を示している。高齢化社会日本にとって深刻な問題のひとつだ。

● 医師数の現状(2008年)
小児科医
　　15,236人
　　15歳未満人口10万対　　　88.7人
産婦人科・産科
　　10,389人
　　15〜49歳女性人口10万対　37.9人

[出典] 厚生労働省「平成20年　医師・歯科医師・薬剤師調査」、総務省「世界の統計2011」

# 4

世界のスケール

No. 37

言語

# 6,000語
世界にある言語の数

## 50％の言語が消滅の危機にある。

世界の言語数の50％が8か国に集中している。たとえば、パプアニューギニアの832語、インドネシアの731語、ナイジェリアの515語など。一方、ヨーロッパの言語数は全体のわずか3％にすぎない。インターネットで提供されるコンテンツの90％以上がたった12の言語で占められていることからもわかるように、言語の多様性は失われつつある。

● 世界の言語別人口（2008年、母国語として話す人数）

| | | | |
|---|---|---|---|
| 北京語 | 8.45億人 | ベンガリー語 | 1.81億人 |
| スペイン語 | 3.29億人 | ポルトガル語 | 1.78億人 |
| 英語 | 3.28億人 | ロシア語 | 1.44億人 |
| アラビア語 | 2.21億人 | 日本語 | 1.22億人 |
| ヒンディー語 | 1.82億人 | | |

［出典］カタルーニャ政府「リングワモン」ウェブサイト、『地理統計2010年度版』（帝国書院）

No. 38

キリスト教

# 22.8億人

世界のキリスト教徒の数(2010年)

## 世界の3人に1人はキリスト教徒。

世界規模の信者をもつ「世界宗教」たるキリスト教（ヨーロッパ・南北アメリカ・アフリカ南部の諸国）、イスラム教（中東・西アジア・アフリカ北部・東南アジアの諸国）、仏教（東アジア・東南アジアの諸国）、そして、「民族宗教」と特徴づけられることがおおいヒンドゥー教（インドと周辺諸国）――以上の4宗教で世界人口の3/4を占める。

● 世界の宗教人口 (2010年)

| | |
|---|---|
| キリスト教 | 22.8億人 (33.0%) |
| ・カトリック | 11.5億人 |
| ・プロテスタント | 4.2億人 |
| ・正教会 | 2.7億人 |
| イスラム教徒 | 15.5億人 (22.5%) |
| ヒンドゥー教 | 9.4億人 (13.6%) |
| 仏教 | 4.6億人 (6.7%) |
| ユダヤ教 | 0.14億人 (0.2%) |

[出典] Britannica Online Encyclopedia, "Religion: Year In Review 2010".

No. 39

君主

# 40か国 (194か国中)

立憲君主国* (2011年4月)　＊旧宗主国のイギリス国王を元首とする国家を含む

## 君主をもつ国は、世界の約2割。

君主の権力を憲法によって制限している国家形態を立憲君主制という。数千年の歴史をもつ君主制は第一次、第二次両大戦以降、ほとんど立憲君主制や共和制に移行した。いまや、憲法による制限のない首長国・君主国は数か国しかない。

● 世界の主な立憲君主国
[アジア] カンボジア王国、タイ王国、ネパール連邦民主共和国、マレーシア
[アフリカ] スワジランド王国、モロッコ王国、レソト王国
[ヨーロッパ] オランダ王国、グレートブリテン・北アイルランド連合王国（イギリス）、スウェーデン王国、スペイン、デンマーク王国、ベルギー王国
[北アメリカ] カナダ、グレナダ、ジャマイカ、バハマ国
[オセアニア] オーストラリア連邦、ニュージーランド、パプアニューギニア独立国

● 首長国　アラブ首長国連邦、カタール国

● 君主国　オマーン、サウジアラビア

[参照]『地理統計2010年度版』（帝国書院）

No. 40

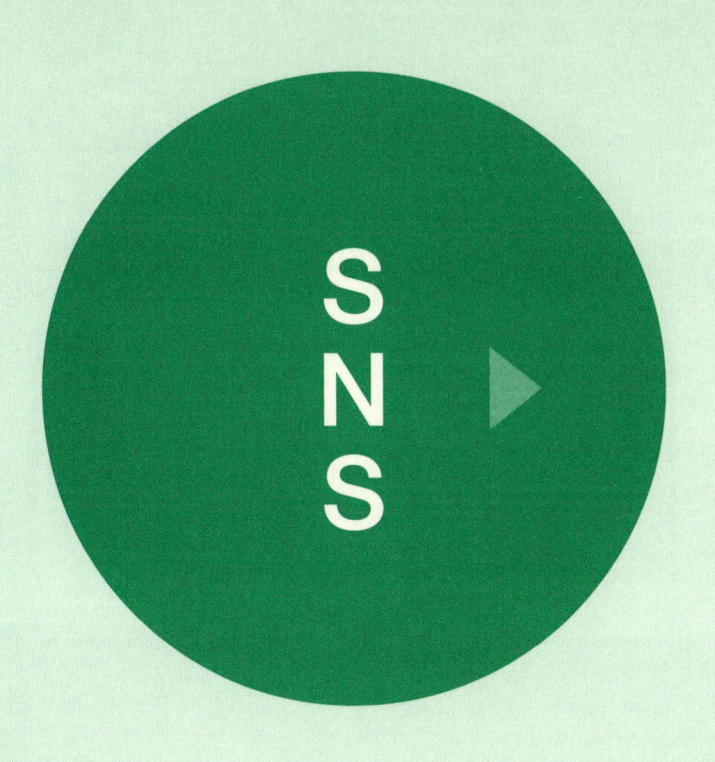

S
N
S

# 6.6億人
フェイスブックの人口 (2011年4月)

## フェイスブックは、世界で3番目に大きな「国」。

中国（13億人）、インド（12億人）についで、フェイスブックという「国」の人口はいまや世界3位である。利用者の4分の1をアメリカ（1.6億人）が占め、インドネシア（3,600万人）、イギリス（2,900万人）と続く。日本の利用者はまだ317万人である（2011年4月）。他方、ツイッターの世界人口は2億人といわれる（2011年3月）。これはインドネシア（世界4位）の人口にせまる。

● 日本のSNSサービス利用者数 (2011年3月)＊

＊ 一般家庭および職場のPCからの訪問者数（月間）

ツイッター　　1,757万人
（ユーザー数は推定2,000万人。2011年3月）

ミクシー　　　1,321万人
（会員数は2,265万人。2011年1月）

フェイスブック　766万人
（ユーザー数は317万人。2011年4月）

[出典] CheckFacebook.com, BBC News (Website), "Twitter co-founder Jack Dorsey rejoins company", March 28, 2011, Nielsen Net Ratings

No. 41

新聞

# 12,477 紙

世界で発行されている新聞紙数(2009年)

## 新聞を毎日読んでいるのは、世界の4人に1人。

この統計で計上されているのは「紙」の新聞である。インターネット、モバイル環境が整備されつつあるなか、新聞の媒体としてのありようも変わっていくのだろうか。世界で最も部数の多い新聞が読売新聞（1,000万部）であるように、日本は他の先進国に比して戸別宅配制度が広く普及し、購読率が高い国だが、若年層においては新聞離れの傾向が見られる。

● 日刊紙の各国別発行部数 (2009年)
1位　中国　1億1,078万部
2位　インド　1億994万部
3位　日本　5,043万部

● 日刊紙の各国別発行紙数 (2009年)
1位　インド　2,701紙
2位　アメリカ　1,431紙
3位　中国　1,007紙

[出典] World Press Trends 2010（日本新聞協会ウェブサイトなどを参照）

No. 42

映画 ▶

# 1,091本

インドでの年間映画製作本数（2006年。長篇映画作品）

## インドでは1日平均
## 3本の映画が作られている。

ハリウッドを擁するアメリカの、さらに1.6倍の映画が製作されているのが、映画大国インド。映画館観客総数（年間約40億人）も映画館数（2万館以上）も世界一。多言語国家ならではの多様性に富む。日本で配給される機会は少ないが、明快なストーリーで、歌と踊りが満載の娯楽作品は一部で熱狂的な人気を集めている。

● 年間映画製作本数（2006年）
1位　インド　　1,091本
2位　アメリカ　673本
3位　日本　　　417本
4位　中国　　　330本
5位　フランス　203本

[出典] UNESCO Institute of Statics ウェブサイト

No. 43

空港

# 8,803万人

ハーツフィールド・ジャクソン・アトランタ国際空港の年間利用者数*（2009年） ＊国際線・国内線をあわせた、到着・出発・乗り換え利用者数の合計

## 1日あたり24万人の乗客。

世界で最も忙しい空港は、米国アトランタにある。2000年以降、1位の座をキープしている。2009年には世界的不況の影響で軒並み利用者数が減ったが、近年急増を示しているのが北京首都国際空港。アジア最大級の空港になりつつある。なお、国際線利用者数ではヒースロー空港（イギリス）が、貨物取扱量ではメンフィス国際空港（アメリカ）が世界1位。

● 年間空港利用者数（2009年）
1位　8,803万人　ハーツフィールド・ジャクソン国際空港（アメリカ・アトランタ）
2位　6,604万人　オヘア国際空港（アメリカ・シカゴ）
3位　6,537万人　ヒースロー空港（イギリス・ロンドン）
4位　6,416万人　東京国際空港（羽田空港）
5位　6,190万人　北京首都国際空港（中国）

［出典］国際空港評議会（ACI）ウェブサイト

No. 44

自動車 ▶

# 1,826万台

中国の自動車生産台数(2010年)

## 現在、自動車生産世界1位は中国。
## 2位の日本の2倍弱。

> 2010年に世界で生産された自動車は7,761万台。その2割強の生産元が中国である。2006年～2008年は日本が1位だったが、世界的不況の影響もあり、アメリカと同様に生産台数は落ち込んだ。その間、国内需要の上昇とともに、中国が1位に躍進した。

● 自動車生産台数

|  | 2010年 | 2009年 | 2008年 | 2000年 |
|---|---|---|---|---|
| 中国 | 1,826万台 | 1,379万台 | 930万台 | 207万台 |
| 日本 | 963万台 | 793万台 | 1,158万台 | 1,014万台 |
| アメリカ | 776万台 | 571万台 | 869万台 | 1,280万台 |

[出典] 国際自動車工業会(OICA)ウェブサイト

No. 45

パソコン

# 97.2%

世界のパソコン生産台数のうち中国製の比率 (2008年)

## 中国製パソコンが2000年以降急成長、いまや97%。

身近な電子機器を確認すると「MADE IN CHINA」という表示が非常に多い。中国が圧倒的な生産シェアを占めている品目がパソコンである。2000年以降急成長している。賃金の安い中国の工場に組立作業を委託する、というアウトソーシングが背景にある。

● 中国が生産世界1位を占める主要電子機器 (2008年)

|  | 生産数 | 世界生産数に占める割合 |
|---|---|---|
| カラーテレビ | 8,494万 | 42.3% |
| デジタルカメラ | 8,564万 | 62.9% |
| 録画再生機* | 6,756万 | 66.8% |
| 携帯電話 | 6,376万 | 52.7% |
| パソコン | 2億7,719万 | 97.2% |

＊DVDとBDのプレイヤーおよびレコーダー

［出典］電子情報技術産業協会「主要電子機器の世界生産状況」(『世界国勢図絵2010/11』矢野恒太記念会、2010年を参照)

No. 46

物価

# 160円（ウクライナ）
# 320円（日本）
# 628円（ノルウェー）

ビッグマック（1個）の値段　（2010年7月21日時点の日本円に換算）

## ビッグマック1つから、世界の物価が見える。

マクドナルドのビッグマックの値段をもとに世界各国の購買力を測るのが「ビッグマック指数」である。調査された国のなかで最高値はノルウェーで、最安値のウクライナとの格差は約4倍もある。物価が高いと言われるスイスは、540円。中国は170円である（2010年7月）。ただ、物品によって物価の高低は異なる。

● 物価の比較 （2009年10月〜2010年9月）

|  | ビール (350cc) | タクシー初乗り |
|---|---|---|
| 日本（東京） | 199円 | 710円 |
| アメリカ（ワシントン） | 82円 | 259円 |
| イギリス | 129円 | 285円 |
| 中国（北京） | 36円 | 132円 |
| チリ | 74円 | 32円 |

［出典］The Economist, "Big Mac Index 2010"、財団法人国際金融情報センター「世界各国の物価水準　日本の物価との比較」（2010年9月）

No. 47

家畜

# 13.5億頭　69億人

世界の家畜牛の頭数(2008年)　世界の人口(2010年)

## 人間の1/5の牛。

動物の飼育史は1万年前に遡る。犬を飼うことから始まり、やがて家畜を生み出す。現在世界でもっとも多く家畜として育てられているのは牛である。その3割弱がブラジルとインドで飼育されている。また、羊、豚、ヤギ、鶏の国別飼育数1位は中国である（なかでも豚は、世界の約半数が中国で育てられている）。

● 世界の家畜頭数(2008年)
- 牛　　13.5億頭
- 羊　　10.8億頭
- 豚　　9.4億頭
- ヤギ　8.6億頭
- 鶏　　184億羽

● 大型哺乳類が家畜化された年代
- 犬　　　　　　1万年前
- 羊、ヤギ、豚　8千年前
- 牛　　　　　　6千年前
- 馬、ロバ、水牛　4千年前
- ラクダ　　　　2.5千年前

[出典]『地理統計2010年度』（帝国書院）、ジャレド・ダイアモンド『銃・病原菌・鉄』（草思社、2000年）

No. 48

飢餓

# 9億2,500万人

飢餓で苦しむ人の数 (2010年)

## 世界の7人に1人が、飢えている。

世界の穀物生産量（年間25億トン）を世界の人口（69億人）で割れば、1人1日あたり1kg。生きていくには十分すぎるほどの食糧が世界にはある。にもかかわらずそれが行き渡ることがない。発展途上国の低収入農村地域を中心として、人々は栄養不足に苦しんでいる。その数は、アメリカ・カナダ・EUの総人口よりも多い。

● 飢餓人口 (地域別内訳、2010年)

| | |
|---|---|
| アジア・太平洋地域 | 5億7,800万人 |
| サハラ砂漠以南のアフリカ | 2億3,900万人 |
| 中南米 | 5,300万人 |
| 中東・北アフリカ | 3,700万人 |

[出典] 国連世界食糧計画（WFP）ウェブサイト

No. 49

難民

# 1,520万人

世界の難民の合計数（2009年）

## 国内避難民を含めると、世界で4,330万人が家を追われた。

紛争や迫害によって、国外であれ国内であれ、強制移動を余儀なくされている人々――その数が4,330万人である。そのうち500万人以上が5年以上の長期化した避難生活を送っている。UNRWA＊の支援対象であるパレスチナ難民（480万人）を別にすると、国別では、コロンビア、イラク、アフガニスタン、パキスタン、コンゴ、ソマリア、スーダンが、100万人を超える難民・国内避難民を生み出している。

● 世界における強制移動（2009年）

| | |
|---|---|
| UNHCR＊の支援対象難民 | 1,040万人 |
| パレスチナ難民 | 480万人 |
| 紛争などによる国内避難民 | 2,710万人 |
| 庇護申請者数 | 100万人 |
| 合計 | 4,330万人 |

＊ UNHCR＝国連難民高等弁務官事務所
　UNRWA＝国連パレスチナ難民救済事業機関

[出典] 国連難民高等弁務官事務所（UNHCR）ウェブサイト「数字で見る難民情勢（2009年）」ほか

No. 50

軍事費

# 43%

世界の軍事費におけるアメリカの割合(2010年)

## 軍事大国、アメリカ。

「世界の警察」という名にふさわしい数字である。アメリカの軍事費(6,980億ドル)が世界に占める割合は、2位の中国(7.3%)、3位のイギリス(3.7%)とはケタ違いである。なお、GDP(国内総生産)比でみるとアメリカの軍事費は約5%だが、軍事費世界7位のサウジアラビアは約10%(つまりアメリカの2倍)。中国の軍事費はこの10年間で189%も増えている。(数値はすべて2010年)

● 世界の軍事費 (2010年。%は世界での占有率)

| | | | |
|---|---|---|---|
| 1位 | アメリカ | 6,980億ドル | 43% |
| 2位 | 中国 | 1,190億ドル | 7.3% |
| 3位 | イギリス | 596億ドル | 3.7% |
| 4位 | フランス | 593億ドル | 3.6% |
| 5位 | ロシア | 587億ドル | 3.6% |
| 6位 | 日本 | 545億ドル | 3.3% |

[出典] SIPRI, "Military Expenditure" (2010)

No. 51

死刑

# 95か国　58か国
死刑廃止国　　死刑存置国

(2011年4月)

## 現在では、存置国は少数派。

中国やイラン、サウジアラビア、そして米国（の一部の州）のように毎年多くの死刑が執行される国がある一方で、死刑を廃止する国は年々増加している。犯罪抑止力への疑問視、冤罪による処刑の回避などを理由として、世界的な趨勢は死刑廃止へと向かっている。なお、日本はいまだ死刑存置国であり、存続を容認する世論も根強い。

● 死刑に対する対応（2011年4月）
- 95か国　全面的に廃止
- 9か国　　通常犯罪に対してのみ廃止（軍法下の犯罪などを例外とする）
- 35か国　事実上の廃止国（制度としては存置しているが、過去10年間は執行が停止している国）
- 58か国　死刑存置国

［出典］アムネスティ・インターナショナル日本ウェブサイト

# 5

生命・地球・宇宙

No. 52

遺伝子 ▶

# 26,808 個

ヒトの遺伝子の数

## 生物の複雑さと遺伝子の数は必ずしも比例しない。

遺伝子とは、DNAのなかで実際にたんぱく質を作るための情報を担う部分のことだ。2011年2月、ミジンコの遺伝子はヒトを上回る3万1,000個であるという論文が米科学誌『サイエンス』に掲載された。ミジンコより少ない遺伝子数であるにもかかわらず、なぜヒトがはるかに複雑な身体と高等な知性をもっているのか。その究明は今後の課題である。

● 遺伝子の数

| | |
|---|---|
| マラリア原虫 | 5,342個 |
| 大腸菌 | 4,411個 |
| シロイヌナズナ* | 28,848個 |
| ショウジョウバエ | 16,867個 |
| マウス | 23,459個 |
| チンパンジー | 21,824個 |

＊アブラナ科の雑草

[出典] 京都大学大学院生命科学研究科・生命文化学研究室「ヒトゲノムマップ」ウェブサイト（遺伝子数は2006年現在）、「ミジンコの遺伝子、ヒトを8000個上回る インディアナ大など」（AFP報道、2011年2月9日）

No. 53

ヒトの遺伝子

# 99.9%

ヒト2個体の間のDNAの共通部分

## 私とあなたは遺伝子のほとんどを共有している。

ヒトのDNAは分裂のさい、10億文字につき1字の割合でエラーを起こす（染色体1セットあたり3つの変異）。卵細胞ができるまでに30回、精子ができるまでに100回以上分裂するので、平均的なこどもでも、親と比べて200個ほど変異が増えている。こうした塩基配列のわずか0.1%の違いが、われわれの姿かたちや能力の違いを生んでいる。

● DNAの比較
ヒトとチンパンジーとのDNAの違い　1.23%
ヒトとナメクジウオ＊とのDNAの違い　40%
マンモスと象のDNAの違い　0.6%　　＊ヒトを含む脊椎動物共通の祖先

● 遺伝子の比較
ヒトとマウスの違い　1%
ヒトとウニの違い　30%
ヒトとハエの違い　60%

[出典]『理科年表 平成23年』（丸善、2010年）、ニック・レーン『生命の跳躍』（みすず書房、2010年）、厚生労働省健康用語辞典

No. 54

腸内細菌

# 60兆個　100兆個以上

ヒトの細胞　　　腸内細菌

## 腸のなかの細菌は、身体の細胞よりはるかに多い。

身体のなかで一番病気の種類が多いのは、大腸だと言われている。腸に棲む細菌が多様であるためだ。また、悪玉菌の作った有害物質が腸管壁を介して血流に乗り、免疫系に影響を与えるという知見もある。「大腸は病気の発信源」なのである。人間にとってよい働きをしてくれる善玉菌を優勢に保つことが、健康維持には欠かせない。

● 腸内細菌
腸内細菌の種類　　　　500～1,000種類
体内の腸内細菌の総重量　1.5kg

● 腸内細菌の理想的なバランス
「善玉菌」(ビフィズス菌など)　　　2割
「悪玉菌」(大腸菌など)　　　　　　1割
善玉でも悪玉でもない「日和見菌」　7割

[出典] 寄藤文平、藤田紘一郎『ウンココロ』(実業之日本社、2005年)、辨野義己『腸内環境学のすすめ』(岩波科学ライブラリー、2008年)

No. 55

脳と神経細胞

# 1,000億個　1万個

人間の脳の神経細胞の数　　1つの神経細胞が連絡をとっている神経細胞の数

## 人間の神経細胞の数は、銀河系の星の数に匹敵する。

人間の脳には1,000億個の神経細胞があり、その1つひとつが1万個の神経細胞と間隙（シナプス）を介してつながっている。つまり、脳には概算で1,000兆ものシナプスがある。脳の情報処理は、シナプスを100回経由すると終了すると考えられている。わずか100ステップで人間の高度な知性が生まれてくるとは驚きである。

● 神経細胞

| | |
|---|---|
| 大脳皮質の神経細胞 | 140億個 |
| 神経細胞の電気信号の伝導速度 | 速いもので秒速120m |
| 神経細胞が死ぬスピード | 1秒に1個 |
| 神経細胞のうち、人が意識的に活用できる細胞 | 10%未満 |
| 言葉を聞いて理解するまでにかかる時間 | 遅くても0.5秒 |
| 人間が短期記憶で覚えられる物事の数 | 7個（±2個） |

[出典] 池谷裕二『記憶力を強くする』（講談社ブルーバックス、2001年）、池谷裕二『進化しすぎた脳』（朝日出版社、2004年）、独立行政法人理化学研究所 脳科学総合研究センター（理研BSI）ウェブサイト「脳について」

No. 56

ヒトの身体の組成

# 65%

人間の身体のなかで水が占める割合

## 身体の約7割が水分。

人間の身体の約7割は水分であり、これは同じく7割が海である地球と似ている。人は絶食して1か月生き延びることもあるが、絶水すると1週間しか生きられない。水の次に比重が大きいのは、身体を作るたんぱく質（15%）と、細胞膜の材料やエネルギー源となる脂質（14%）。身体の4%を占める無機質（ミネラル）は、ごく微量でも人体にとって重要な役割を担う。

● 人間の身体を作る元素

| | |
|---|---|
| 酸素 | 63% |
| 炭素 | 20% |
| 水素 | 9% |
| 窒素 | 5% |
| カルシウム | 1% |
| その他 | 2% |

（カリウム、ナトリウム、リン、マグネシウム、ヨウ素、鉄、銅など）

● 地球を作る元素

| | |
|---|---|
| 酸素 | 47% |
| 珪素 | 28% |
| アルミニウム | 8% |
| 鉄 | 5% |
| カルシウム | 4% |
| カリウム | 3% |
| ナトリウム | 3% |
| その他 | 2% |

[出典] 海堂尊『トリセツ・カラダ』（宝島社、2009年）、福岡大学機能生化研究室講義資料

No. 57

ヒトの臓器

# 1.2 kg  1.2 kg

肝臓の重さ　　大脳の重さ

## 人間の肝臓の重さと脳の重さは、ほぼ同じ。

肝臓は人体でもっとも大きな臓器だ。肝臓は「巨大化学工場」であり、栄養の合成・分解・貯蔵や、有害物質の解毒を担う。一方、肝臓とほぼ同じ重さの脳は、非常に多くの栄養を必要とする臓器で、重さは体重の2％であるにもかかわらず、全身で消費するエネルギーの20％を使っている。脳への血流が10秒途切れただけで人間は意識を失ってしまうのだ。

● 人体の臓器の重さ

| | |
|---|---|
| 小脳 | 100g |
| 心臓 | 300g |
| 肺 | 500g (片方) |
| すい臓 (消化液やインシュリンを作る) | 100g |
| ひ臓 (免疫に携わる) | 100g |
| じん臓 (血液をろ過し尿を作る) | 150g (片方) |

● 身体の臓器の長さ

| | |
|---|---|
| 食道 | 30cm |
| 胃 | 20cm |
| 十二指腸 | 30cm |
| 小腸 | 3m |
| 大腸 | 1.5m |

[出典] 海堂尊『トリセツ・カラダ』(宝島社、2009年)、メルクマニュアル医学百科最新家庭版

No. 58

昆虫 ▶

# 97万種

これまでに確認された昆虫類の種類

## 生物種の約半分が昆虫。

現在、生物種は175万種が確認されており、実にその半分以上を昆虫が占めている。しかし、これまでにわかっている生物の種は、地球上に生存する生物の全体から見ればごく一部に過ぎないと考えられている。特に昆虫や菌類（微生物）の世界については、まだ判明していないことが多い。推定では、少なくとも現在の8倍以上の種が存在している。

● これまでに確認された生物種

| | |
|---|---|
| 植物 | 27万種 |
| 原生生物 | 8万種 |
| 菌類 | 7万種 |
| せきつい動物（ヒトを含む） | 4.5万種 |
| 細菌 | 4千種 |
| その他の動物 | 30万種 |

● 昆虫の内訳

| | |
|---|---|
| 甲虫 | 35万種 |
| チョウ | 16万種 |
| ハチ | 15万種 |
| ハエ | 12.5万種 |
| カメムシ | 11万種 |
| バッタ | 2万種 |
| その他 | 5.5万種 |

[出典] 環境省「平成22年版環境白書」、JSTバーチャル科学館「生物多様性って何だろう？」、「サステナビリティの科学的基礎に関する調査」（サステナビリティの科学的基礎に関する調査プロジェクト事務局、2005年）

No. 59

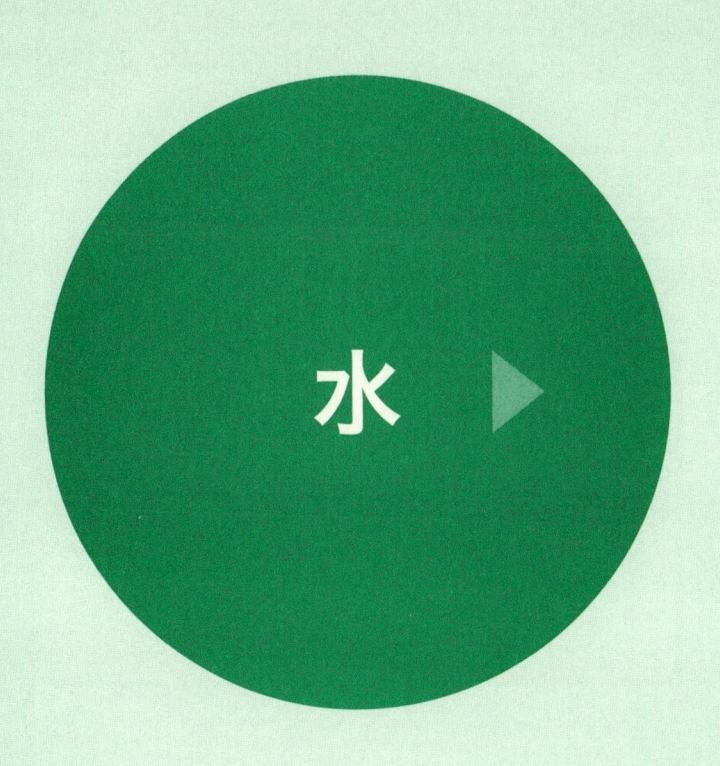

水 ▶

# 0.01%

人間が飲める地球の水の割合

## 「水の惑星」の水のほとんどを、私たちは利用することができない。

地球の表面積（5.1億km²）の70%が水に覆われている。しかし、そのうちの97.5%は海水で、淡水は残り2.5%。しかも淡水の約70%は氷河や氷山、残りも地下深くにあり、淡水の0.3%（地球上の水のわずか0.01%）にあたる河や湖の水しか人間は利用できない。世界の約11億人が安全な水を確保できず、毎年180万人のこどもが水と衛生上の問題により死亡する（2006年調査）など、「水」は深刻な問題である。

● 作物・商品（1kgあたり）を作るために必要な水の量

| | |
|---|---|
| 紙 | 125ℓ |
| 鉄 | 260ℓ |
| パン | 1,300ℓ |
| 米 | 1,900〜5,000ℓ |
| ハンバーガー | 16,000ℓ |
| 牛肉 | 15,000〜70,000ℓ |
| コーヒー豆（焙煎） | 21,000ℓ |

［出典］環境省 水・大気環境局「日本国環境省の水環境分野における国際協力の取り組みの現状及び今後の方向」(2009年)、The Pacific Institute, "The World's Water 2008-2009", Table 19: Water Content of Things

No. 60

大地 ▶

# 6 cm

1年間にハワイが日本に近づく距離

## 大地は動いている。

> ハワイから日本までは点々と島が続いている。これは、現在ハワイの下にあるマグマ源からマグマが噴出してできた島が、プレートの移動によって北西にずれ、数千万年かけて日本に到達していることを示している。到達したプレートは、海溝から日本列島の下に斜めに沈み込む。これにより陸側のプレートがひずみ、ある時跳ね上がることで、大地震が起こる。日本は4つのプレートがひしめく地震多発地帯だ。

● 日本とハワイ
距離　　　　　　　　　　　5,700km
日本とハワイがぶつかる時　9,500万年後

● 世界の大陸が1つだった(超大陸パンゲア)時期
2〜3億年前(石炭紀〜三畳紀)

[出典] 国土地理院 VLBIグループウェブサイト、『新しい高校地学の教科書』(講談社ブルーバックス、2006年)

No. 61

地震

# 6年に1回

過去200年間に起きた死者50人以上の
地震発生頻度（2011年1月1日現在）

## 日本は世界の10分の1ほどの地震が起きる、まれに見る地震多発地帯。

1800年～2009年までの約200年間に発生した地震のうち、死者50人以上（不明者含む）の被害が出たのは34回。うちマグニチュード（M）が最大なのは、安政東海地震（1854年、M8.4、死者3千人）と、安政南海地震（同年、M8.4、死者数千人）である。2011年3月11日の東北地方太平洋沖地震（東日本大震災）は、それらの地震規模をはるかに上回るM9.0であった。（マグニチュードが1増えると、地震のエネルギーは32倍。）

● マグニチュード順・世界巨大地震トップ3（古代から2009年6月まで）
1位　1960年5月22日　チリ　　　　　　　　　　　　M9.5　死者5,700人
2位　1964年3月27日　アラスカ　　　　　　　　　　M9.2　死者131人
3位　1957年3月9日　アメリカ・アリューシャン諸島　M9.1　死者0人

● 被害者数順・世界巨大地震トップ3（古代から2009年6月まで）
1位　1556年1月23日　中国・陝西省　死者83万人　　　M8.3
2位　115年12月3日　　トルコ　　　　死者26万人　　　M7.4
3位　1976年7月28日　中国・河北省　死者24万2,800人　M7.8

[出典]『理科年表　平成23年』（丸善、2010年）、地震調査研究推進本部「日本における被害地震の発生頻度に関する統計的分析について」（2010年）、宇津徳治「世界の被害地震の表（古代から2009年6月まで）」、気象庁「気象等の知識／地震について」

No. 62

惑星 ▶

# 5億個

この銀河系に存在すると推測される
地球のような星 (2011年2月)

## 地球は「奇跡の星」ではない。

われわれの太陽系の外に存在する惑星（太陽のような恒星の周りを回る星）のことを「系外惑星」という。NASAの探査衛星「ケプラー」の調査によると、われわれの銀河系の中には系外惑星が500億個ほどあり、そのうち少なくとも5億個が、地球と同様に生命が存在することができる領域（ハビタブルゾーン）にあると見積もられている。これまで実際に発見された系外惑星の数は547個（2011年4月現在）。

● これまでに発見された、主な系外惑星 (年号は発見の年)
・ペガスス座51番星b（1995年）──主系列星（安定した恒星）の周りで最初に発見された系外惑星。木星クラスの質量をもつ。
・HAT-P-7b（2008年）──中心の恒星（中心星）の自転とは逆向きに公転する逆行惑星。木星の1.8倍ほどの質量。
・グリーゼ581g（2010年）──ハビタブルゾーン内に存在し、表面が水に覆われている可能性が高い。地球の約3倍の質量。

[出典] Borenstein, Seth, "Cosmic census finds crowd of planets in our galaxy" AP News, February 19, 2011、Extrasolar Planets Encyclopedia、井田茂『異形の惑星』(NHKブックス、2003年)、『理科年表　平成23年』(丸善、2010年)

No. 63

宇宙の元素

# 4%

宇宙のエネルギーのうち、
既知の物質が占める割合

## 宇宙のエネルギーのうち、96%は正体不明。

万物は原子からできている（宇宙に存在する観測可能な原子の総数は$10^{80}$個ほど）。しかし、それは宇宙のエネルギー全体の中でたった4%ほどを占めるにすぎない。残りの23%は暗黒物質（ダークマター）、73%は暗黒エネルギーという正体不明の物質・エネルギーが占める。ビッグバン以来の宇宙の膨張を支えているのも、この暗黒エネルギーである。

● 太陽系の元素組成

| | | |
|---|---|---|
| 水素 | 70.7% | (±2.5%) |
| ヘリウム | 27.4% | (±6%) |
| そのほかの物質 | 1.9% | (±8.5%) |

[出典] 村山斉『宇宙は何でできているのか』（幻冬舎新書、2010年）、杉山直『宇宙 その始まりから終わりへ』（朝日新聞社、2003年）、『理科年表 平成23年』（丸善、2010年）

# 6

# われわれはどこから来たのか、
# われわれはどこへ行くのか

№ **64**

宇宙の誕生から
現在までを見はらす

### 137億年前……宇宙の誕生
「無」（物質も空間も時間さえない状態）から宇宙が誕生する。

### 宇宙の誕生から$10^{-36}$秒……宇宙のインフレーション（急膨張）
驚異的な大きさの「真空のエネルギー」によって、宇宙空間の猛烈な加速膨張が起きる。

### 宇宙の誕生から$10^{-34}$秒……ビッグバン
宇宙は大量のエネルギーによって加熱され、高温・高密度の「火の玉」となり、素粒子が生まれる。

### 宇宙の誕生から38万年後……宇宙の「晴れ上がり」
原子核に電子がむすびつき、原子が生まれる。そのため、光が直進できるようになった。

### 130億年前……星や銀河が生まれる
太陽の数百倍の重さの星が内部でさまざまな元素を作ったあと、超新星爆発し、次世代の星の種となった。

### 46億年前……太陽系、および地球が生まれる

### 38億年前……地球で生命が生まれる

宇宙の誕生直後の3分間で、すべての物質のもとになる素粒子が生まれた。宇宙が膨張とともに冷えていくにつれ、素粒子の中から原子が生まれ、原子が集まって星となった。星の中では重い元素が作られた。私たちの身体を作る元素も、もとは星のかけらだったと言える。

[参照] 文部科学省科学技術週間「一家に1枚宇宙図2007」ポスター

## No. 65

## 生命の誕生から現在までを見はらす

| | |
|---|---|
| 46億年前 | 地球の誕生 |
| 38億年前 | 生命の誕生 |
| 35億年前 | 最古の化石 |
| 21億年前 | 真核生物の出現 |
| 11億年前 | 多細胞生物の出現 |
| 5.4億年前 | 生物進化の大爆発（カンブリア爆発）|
| 5億年前 | 脊椎動物の出現 |
| 4.4億年前 | 陸上緑色植物の出現 |
| 4億年前 | 魚類の繁栄 |
| 3.7億年前 | 脊椎動物の上陸 |
| 3億年前 | 両生類の繁栄 |
| 2.1億年前 | 哺乳類の出現、爬虫類の繁栄 |
| 6,500万年前 | 恐竜の絶滅 |
| 500万年前 | 人類の出現 |

地球誕生から現在までを1年におきかえると、2月にはすでに生命が誕生していた。しかし、現在のような動物の多様性が生まれるのは、11月になってからだ（カンブリア爆発）。人類の出現は、12月31日午後11時50分頃のことである。

---

[参照]『高校生物Ⅱ』（啓林館、2002年、2010年採用)、『生物Ⅱ』（東京書籍、2010年)、長野敬（監修）『増補四訂版　サイエンスビュー　生物総合資料』（実教出版、2009年）

## No. 66

## 人類の歴史を見はらす

### 900万年前〜500万年前……
**類人猿がゴリラ・チンパンジー・人類へ分岐する**

### 400万年前……**人類が直立姿勢をとりはじめる**

### 250万年前〜170万年前……**初期人類の登場（アウストラロピテクス・アフリカーヌス／ホモ・ハビリス／ホモ・エレクトゥス）**
ホモ・エレクトゥスの体の大きさは現代人に近いが、脳容量はわれわれの半分あるかないかだった。原始的な打製石器や剥片石器を使用した。

### 150万年前……**原人（ホモ・エレクトゥス／ホモ・エルガステル）の「出アフリカ」**
寒冷期のシベリアで生きることや、舟を作ることが不可能だったため、アメリカ大陸、オーストラリアには拡散しなかった。

### 50万年前……**最初期のホモ・サピエンスが現れる**

### 30万年前……**ネアンデルタール人の登場**
脳容量は現代人より大きいが、言語は使えなかったと考えられている。3万年前ぐらいまで現生人類と共存していたが、絶滅した。

### 30万年前〜20万年前……
**現代人の直接の祖先であるホモ・サピエンスの登場**

### 5万年前……**現代人につながるホモ・サピエンスの「出アフリカ」**
人類の「大躍進」の時代。釣り針や銛（もり）、弓矢など、複数の部品を組み合わせる道具を使用。衣服や装身具、壁画や楽器など芸術価値のある遺物が発見されている。

### 1万年前……**最終氷河期の終わり。農耕と家畜の飼育がはじまる**

### 6千年前〜5千年前……**国家の誕生**

地球46億年を1年におきかえると、現生人類の歴史はわずか6分にすぎない。それほど短い時間のあいだに何かが起き、人類は「動物」から「人間」になったのだ。

---

［参照］ジャレド・ダイアモンド『銃・病原菌・鉄』（草思社、2000年）、島 泰三『はだかの起原』（木楽舎、2004年）、国立科学博物館「日本人はるかなる旅展」、『新しい高校生物の教科書』（講談社ブルーバックス、2006年）

No. **67**

宇宙が終わるまでを
見はらす

**数十億年後**……銀河系とアンドロメダ銀河が衝突する

**50億年後**……**太陽が燃え尽きる**
太陽は地球の公転軌道ほどのサイズの赤色巨星になり、地球は飲み込まれてしまう。

**10兆年後**……ほとんどの星が燃え尽きる

**$10^{30}$年後**……銀河がブラックホールに飲み込まれる

**$10^{37}$年後**……原子核を構成する「陽子」が崩壊する

**$10^{98}$年後**……銀河サイズのブラックホールが蒸発する
ブラックホールもわずかに熱を放射していて（ホーキング効果）、長い時間の後には蒸発してしまう。

**$10^{131}$年後**……**現在観測されている宇宙全体をふくむブラックホールが蒸発する**

星が燃え尽きた後にできるブラックホール、中性子星、黒色矮星は重力によって引き寄せられ、巨大ブラックホールにのみこまれていく。そのブラックホールも蒸発した後の宇宙は、光子、ニュートリノ、電子、陽電子が少しずつ互いの距離を広げ、これ以上相互作用しない、想像を絶するほど希薄なスープになると考えられている。

[参照] ポール・デイヴィス『宇宙　最後の3分間』（草思社、1995年）、東京大学大学院理学系研究科須藤靖教授の講義スライド「宇宙の始まりと終わり」

## No. 68

## ものの大きさ

**$10^{-15}$ m = 1fm（フェムトメートル）= 1m×1,000兆分の1**
　　1fm——陽子の直径

**$10^{-12}$ m = 1pm（ピコメートル）= 1m×1兆分の1**
　　100pm——原子（水素原子）の直径

**$10^{-9}$ m = 1nm（ナノメートル）= 1m×10億分の1**
　　2nm——DNAの直径

**$10^{-6}$ m = 1μm（マイクロメートル）= 1m×100万分の1**
　　0.5〜1μm——ミトコンドリアの全長
　　60μm——ヒトの精子の全長

**$10^{-3}$ m = 1mm（ミリメートル）= 1m×1,000分の1**
　　2mm——ミジンコの体長

**$10^{0}$ m = 1m（メートル）**
　　1.7m——人間の平均身長
　　93m——自由の女神像の全長

**$10^{3}$ m = 1km（キロメートル）= 1m×1,000倍**
　　8,848m——エベレスト山の標高

**$10^{6}$ m = 1,000km = 1Mm（メガメートル）= 1m×100万倍**
　　1万2,756km——地球の直径

**$10^{9}$ m = 100万km = 1Gm（ギガメートル）= 1m×10億倍**
　　139万km——太陽の直径

**$10^{12}$ m = 10億km = 1Tm（テラメートル）= 1m×1兆倍**
　　120億km——太陽系の直径

| | |
|---|---|
| $10^{15}$ m | ＝1兆 km＝1Pm（ペタメートル）＝1m×1,000兆倍 |

　　30光年（≒$10^{18}$ m）──オリオン座大星雲の直径
　　※1光年（光が1年に進む距離）＝約9兆4,600億 km

| | |
|---|---|
| $10^{18}$ m | ＝10光年＝1Em（エクサメートル）＝1m×100京倍 |

| | |
|---|---|
| $10^{21}$ m | ＝10万光年＝1Zm（ゼタメートル）＝1m×10垓倍 |

　　10万光年（＝$10^{21}$ m）──銀河の直径

| | |
|---|---|
| $10^{24}$ m | ＝1億光年＝1Ym（ヨタメートル）＝1m×1秭倍 |

　　137億光年（≒$10^{26}$ m）──宇宙の果て

宇宙のあらゆるものの大きさを、ひとつの物差し（メートル）で測ってみる。物質を構成する極小の粒子のひとつ（陽子）から、宇宙そのものという極大の世界まで、なんと$10^{41}$メートル（＝100,000,000,000,000,000,000,000,000,000,000,000,000,000メートル）もの開きがある。しかも、陽子よりもさらに小さいクォーク（$10^{-18}$ mほど）が発見され、宇宙はさらに膨張しているので、この差はさらに開きつつある。

［出典］ニコンウェブサイト「Universcale（ユニバースケール）」

# BASIC NUMBERS
ベーシック・ナンバーズ

2011年5月20日　初版第1刷発行

| | |
|---|---|
| 編著者 | 使える数字研究会 |
| 編集担当 | 中村大吾／<br>赤井茂樹・大槻美和・綾女欣伸（朝日出版社第二編集部） |
| ブックデザイン | 戸塚泰雄 |
| 発行者 | 原雅久 |
| 発行所 | 株式会社朝日出版社 |
| | 〒101-0065　東京都千代田区西神田3-3-5<br>電話 03-3263-3321<br>FAX 03-5226-9599<br>http://www.asahipress.com/ |
| 印刷・製本 | 図書印刷株式会社 |

ISBN978-4-255-00587-4 C0036
©Tsukaeru Suji Kenkyukai 2011　Printed in Japan

乱丁・落丁の本がございましたら小社宛にお送りください。送料小社負担でお取り替えいたします。
本書の全部または一部を無断で複写複製（コピー）することは、著作権法上での例外を除き、禁じられています。

朝日出版社の本

# とんでもなく役に立つ数学
西成活裕 東京大学教授

人生に「数学なんていらないよ」と思い込んでいたあなたに。

未来予測、人間関係のトラブル、イライラする大渋滞、そして新しい経済のかたちまで――「その問題、数学で乗り越えられます。」"渋滞学者"が高校生に語る、まったく新しい数学との付き合い方。

四六判正寸／並製／272ページ　定価：本体1,400円＋税

# 恋愛美術館
西岡文彦

この絵を見ると、せつなくなるのはどうしてだろう。

モディリアーニの妻ジャンヌへの「永遠」の誓い、ドガが描いた別れられない泥沼男女の都会の落とし穴、ルノワールが恋した愛の聖地とボヘミアン――恋愛小説を読むように、絵画を読む。感動の美術エッセイ。カラー図版満載！

四六判正寸／並製／272ページ　定価：本体1,800円＋税